Punto y coma

Punto y coma

Emma Jerez Carballude

Punto y coma
Emma Jerez Carballude

Diseño de la cubierta: Equipo de diseño de Universo de Letras
Imagen de cubierta: ©Shutterstock.com

Obra publicada por el sello Universo de Letras
www.universodeletras.com

Primera edición: 2025

ISBN: 9788410460928
ISBN eBook: 9788410462281

A mi mejor amiga, que siempre ha estado para mí sin importarle que yo con tantos altibajos, no pudiera hacerla feliz, reír o sonreír como ella estuvo haciendo por mí.
Te quiero.

"Me gusta hablar con personas rotas,
o que algún día lo estuvieron.
Es grandioso ver cómo almas muertas
Se empeñan en seguir brillando"

Charles Bukowski

Aún soy joven como para ser experta de todas las situaciones de las que hablo; pero si fui experta en callarme lo que me hicieron sentir cada una de esas situaciones.

Dejar salir lo que uno lleva dentro también es una forma de progresar y poder ver con mejor claridad qué nos ha causado cada cosa.

Hoy escribo esto con la finalidad de desabrochar la cremallera que está entre mis labios, y esperar que alguna persona que lea esto, se sienta identificada conmigo por muy raro que me parezca.

MI
INFRAMUNDO

El inicio

Cuando eres pequeño no entiendes todo lo que sucede a tú alrededor.

A medida que vas creciendo vas siendo consciente de todo lo sucedido en tu infancia.

En la mía había un suceso especial.

Una palabra, que al escucharla provocaba que la sonrisa de esa niña desapareciera.

gorda

Lo recuerdo como si fuese ayer, las burlas, las miradas de desprecio, el odio.

Todas esas noches llorando al ver mi cuerpo en el reflejo, todos esos días en los que no comía, todas esas horas en las que lloraba en el baño, todos esos minutos en los que pensaba acabar con esta pesadilla, y todos esos segundos en los que mi mente no podía descansar.

No lo entenderían.

No entenderían ese cansancio constante,
ni la angustia por comer de más
o la felicidad por comer de menos.
Tampoco se harían una idea de esos pensamientos obsesivos.
De esa comparación constante
de esos llantos tras probarte la ropa de invierno,
y aún peor cuando es la de verano.

Solo era una niña que quería comer sin luego tener que hacer deporte para quemar todo aquello que comió.

Solo era una niña que quería que su felicidad no dependiera de dos números en una báscula.

Era una niña que ansiaba dejar de meter barriga para aparentar estar delgada.

Era una niña que ansiaba estar delgada de verdad.

Quería mirarse y verse bien.

Quería comer sin sentirse culpable.

Quería mostrar su cuerpo sin miedo.

Quería estar segura de cómo ella es.

La
infravaloración

Para ella era raro
Era raro ver como la trataban diferente por su físico
Era raro ver cómo se reían del número
que salía en su báscula
Era raro no entender por qué sus
amigos se avergonzaban de ella
Era raro ver como no le gustaba a
nadie
Era raro no alcanzar el dedo pulgar
con el meñique mientras su muñeca
estaba en medio
Ella era rara.

Hipertimesia

GORDA

La palabra más repetida en la niñez de esa chica.

Chica que ahora está en plena adolescencia.

Chica que camufla en simpatía todos los traumas que esos comentarios le causaron.

Al haber sido una niña incomprendida por su físico, creció con el pensamiento de que todo lo que le sucediese serían sucesos incomprendidos.

Supongo que por ello siempre dice
que tan solo son problemas suyos
Como el querer suicidarse
Al no poder ni mirarse
Pero faltaba pistola y tampoco
quedaba sangre.

Su cabeza

Había un espacio.
Un espacio donde todo parecía estar milimetradamente controlado y que todo el mundo desconocía
Un espacio en el que memorizar las calorías era más importante que aprenderse la nueva fórmula de matemáticas
Un espacio en el que había que masticar hasta convertirlo todo en líquido
Un espacio en el que vomitar era bonito
Un espacio en el que no comer era lo correcto

Un espacio en el que los atracones
eran tres pasos hacia atrás
Un espacio alarmante para uno
mismo
Pero
Un espacio a la vez invisible para el
resto
Un espacio en el que aprendí que solo
porque no veas marcas, no quiere
decir que no haya habido sangre.

El baño

Nunca imaginaría que un sitio tan pequeño y sin vistas al exterior, acabaría convirtiéndose en mi lugar seguro. Hablo de mi baño, concretamente de un objeto de su interior al que yo acudía día tras día con varias necesidades.

Mis "necesidades" durante una larga y dura etapa de mi vida se resumía en depositar allí todo lo que había comido durante el día, o, incluso, intentar depositar allí algo sin haber comido durante días.

Lo que yo no sabía era que esas necesidades tenían un nombre.

Un nombre que me persiguió, persigue y que provoca que mis días no puedan llegar a ser disfrutados completamente por mí misma.

Ese nombre es bulimia

7 letras, 4 vocales y 3 consonantes

Todas ellas forman mi peor pesadilla, o mejor dicho, mi mayor realidad.

La
autocompasión

Te perdono
Te perdono por no haber hecho
aquello que tanto ansiabas por lo que
podrían llegar a pensar
Te perdono
Te perdono por siempre castigarte
con ese miedo interno
Te perdono
Te perdono por no quererte en el
momento que más lo necesitabas
Te perdono
Te perdono por no dejarte ayudar por
nadie pero tú siempre ayudar al resto

Te perdono
Te perdono por volver a dañar todo
aquello que me costó arreglar
Me perdono.

Una luz y un consejo

A medida que crezco voy mirando
atrás intentando sanar cada herida.
Porque comer no va a acabar contigo
Pero no hacerlo pondrá tu pie en la
tumba.

Es verdad, una parte de mí murió aquel día en el que por última vez vomité.

Aunque intento revivirla pensando que por fin fue la última vez
Última vez que lo hice
Pero no la última vez que quise hacerlo.

Recuerda que esto es un trastorno que no se cura al tomarse una pastilla y esperar a que haga efecto
Recuerda que cada milésima de segundo que lo intentas, cuenta.

Este trastorno es sinónimo de un pozo.

Un pozo el cual es muy hondo, pero que tiene una cuerda al lado

Y aunque a veces al coger la cuerda resbales por ella

La cuerda no se rompe.

Y llegará un día
En el que consigas salir del pozo
Yo lo hice
Y quiero que tú seas el siguiente,
lector.

que no todo lo malo va a
estar siempre, sabes?

★22:34

4 AMORES DIFERENTES

Amar o amarse

Siempre nos han dicho que para querer a alguien más primero te tienes que querer a ti mismo. Aunque muchas veces no fuese el caso, eso no impide sentir amor hacia otra persona.

Lo que yo no sabía es que el no quererme a mí misma me impediría estar con esa persona a la que amo.

Tampoco sabía que podría llegar a amar a alguien de mi mismo género

Pero antes de ella hubo más amores y, aunque hace años no me lo creería, después de ella también.

Ten cuidado lector, es de priorizar el quererte a ti primero, ya que supondría un problema querer por encima de ti a otra persona.

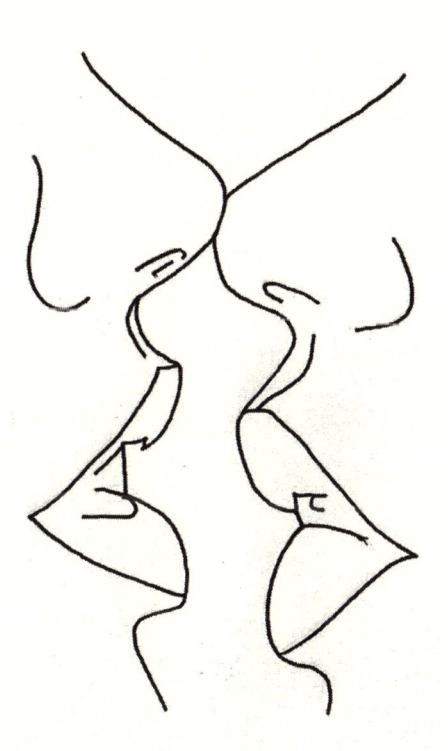

La inexperiencia y el desconocimiento

La importancia del amor es que nunca nadie nos enseña a querer y que cada uno quiere de forma distinta a cada persona.

Y aún desconociendo lo que es realmente amar a una persona

Nos lanzamos a ese laberinto de emociones desconocidas.

Su definición

Si me preguntas a mí, definiría el amor como algo que se construye de a poco, pero también algo que puede nacer de manera espontánea.

El amor es un sentimiento que expresas hacia otra persona con la esperanza de que sea recíproco.

Yo dividiría el amor en dos tipos: el amor sano y el amor destructivo
El primero es aquel amor sostenido por la confianza, el respeto y el cariño; en cambio, el segundo es aquel amor

intenso, el cual es difícil soltar, ya que nace de la base de nuestros sentimientos más oscuros: la toxicidad, la idealización y el egocentrismo.

Pero, aún dividiéndolos, es difícil explicar como quieres a cada persona, porque hay múltiples sentimientos y cada persona despierta un sentimiento diferente en ti.

El primer amor

Recuerdo un amor con cariño
Un amor en el que me trataban bien
Mi primer amor
Ese amor que me hizo sentir especial,
diferente
Ese amor que consiguió que por
primera vez en mi vida yo abriera
parte de mi coraza
Pero solo una parte
Parte en la que lo dimos todo
En la que nos quisimos como nadie
En la que nos valoramos como nunca
antes
Pero en el amor no vale solo la mitad

Faltaba mi otra parte
La parte que se atrevía a todo
Que no tenía miedo de hacer nada
Que no era insegura
La parte que se atrevía a mostrar todos
sus sentimientos
La parte que intentó decirle a su
primer amor cuánto lo quería
Pero nunca llegó hacerlo
No pudo
Seguía bajo una coraza
Una coraza que acabó con ese primer
amor
El amor se sostiene sólo si uno da todo
de sí mismo
Yo quise, pero no pude
Las dos partes encontraron a la
persona, pero sólo una parte causó
que no fuese el momento.

Una limerencia

Lo más difícil fue esa obsesión
Esa obsesión en la que no sentí ilusión,
sólo desesperación
Desesperación por saber de él, de su
día, de su vida
Por verlo sonreír, por volver a escu-
charlo o por volver a sentir sus labios
Desesperación porque ya no estaba
junto a mí
Fue duro
Porque aunque intentara evitarlo
Mi cabeza sólo pensaba en él
En por qué se marchó
Por qué me mintió

Por qué me ilusionó
Pero sobre todo
En esa incertidumbre
De por qué me dejó
Él era
Mío.

Amor veneno

Es difícil aceptar que amas a alguien
que no te hace bien
El amor ciega y eso es parte de su
magia
Aunque esa magia puede llegar a ser
malvada
Una magia que provoca mi cambio
por la aceptación de la otra persona
Una magia que provoca una estabili-
dad emocional ajena a mí
Que provoca sufrimiento pero no
distanciamiento
Esta magia crea una relación
Una relación en la que te infravaloran

En la que no eres consciente de la ma-
nipulación del otro
En la que te extingues por la otra
persona
En la que lo más fuerte es el amor
Un amor venenoso.

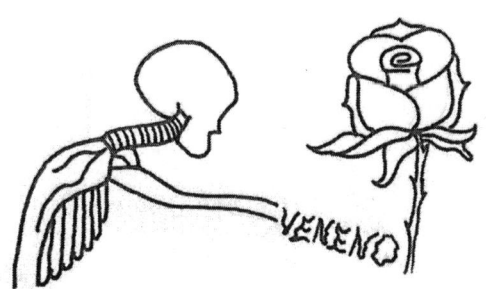

Un amor incondicional

Pese a todos
Yo elijo uno
Un amor que me salvó la vida tantas
veces
Un amor que me ayuda a expresar lo
que siento
Un amor que he elegido como familia
Un amor que en momentos malos se
ha convertido en mi lugar seguro
Un amor con el que dar atención no
es absorber
Un amor con el que amar no es vivir
por él

Un amor que me hace sentir un poco
más fuerte
Un amor que me ha ayudado a levan-
tar mi mundo cuando este se caía
Un amor que me ha dado todo su
valor, respeto y cariño
Un amor basado en una amistad
Mi mejor amiga.

UN AMOR
DISTINTO

Si atendiste a todo, lector, te acordarás
de cuando dije que nadie nos enseña
amar.
Pero no dije que tampoco nos enseñan
a quién amar.
Para mí fue un imprevisto
Siempre tuve todo tan claro
Hasta que apareció esa persona que lo
cambió todo
O mejor dicho
Que lo destrozó todo.

Recuerdo cómo desde pequeña lo normal era una relación entre un hombre y una mujer.

Me causa gracia cuando pienso en las personas que aún juzgan lo contrario, supongo que será debido a sus prejuicios, o mejor dicho, por sus inseguridades.

Pero mucho no me puedo reír, ya que salir a fuera de un armario donde te expones a ser juzgado no es nada fácil. Para mí no lo fue.

Tenía miedo. Era incapaz de aceptar por mi propia cuenta que amaba a alguien de mi mismo género.

No sabía cómo actuar.

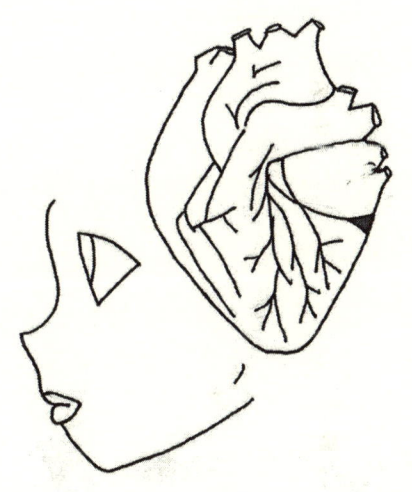

Es imposible quedarte en un sitio
para siempre
Al igual que es injusto usarlo como
un escondite
El estar en el armario es duro
Es muy difícil salir
Y aun cuando sales lo sigue siendo
Pero mejor es morir siendo lo que eres
Que vivir ocultando lo que quieres
Y a quien quieres.

¿Lo sentiste alguna vez lector? Esa sensación en el pecho cuando te sonríe, el notorio brillo de tus ojos cuando ves a esa persona.

Yo lo noté por primera vez con una mujer.

Al principio era mi amiga, a la que yo vacilaba por su orientación sexual. Quién me diría a mí ahora que ella cambió la mía

Fue difícil, generalmente todos infravaloran, desprecian o le dan menos importancia a relaciones construidas por personas del mismo género.

¿Cómo iba a salir del armario así?

No hay una respuesta concreta, pero tú lector quédate con que la vida consta de múltiples experiencias, en las cuales es mejor no cohibirte y hacerlas y en no juzgar a alguien por lanzarse a ellas.

Es frustrante que aún en la actualidad haya que hablar estos temas con cuidado, tristeza y miedo.

Antes de meterte en este mundo, asegúrate de haber salido profundamente del armario, porque si no todo podría convertirse en cenizas.

La incertidumbre

No lo entiendo, no entiendo por qué me duele. Me duele ese algo que según yo no tiene importancia, o más bien me duele eso que pienso que no tiene motivos para doler.

Estoy en mi cuarto, intentando despejar mis dudas con algo que no me hace bien.

Al final parece que ese algo que nunca me haría daño me está ahogando, y no me quiero hundir, ya lo hice muchas otras veces y acabé rompiendo más cosas de las que tenía.

¿Imprimo nuestra foto? O estaré imprimiendo algo que ya no tengo, que ya no ésta, que ya no viene con una sonrisa a mi puerta en cada cambio de clase, que ya no me habla, ni me llama, que ya no me dice sonriente alguna de sus palabras raras o que ya no viene ni a mi casa.

Yo había desperdiciado todo a causa del miedo de salir del armario en el que estaba encerrada, pero también había recuperado todo al esa persona haber pasado por lo mismo.

Por fin todo iba bien

¿Por qué entonces?, ¿por qué de un día al otro ya no hace las cosas que hacía antes?, ¿por qué ya no me llama antes de sus clases de inglés?

¿Por qué no me dirige la palabra?

¿Qué hice mal esta vez?, ¿tal vez en verdad no todo iba bien?, ¿tal vez ya se había cansado?

Múltiples preguntas con respuestas que posiblemente nunca llegaré a escuchar.

Tenían razón, perdí la oportunidad y dudo poder recuperarla

Mi marcha

¿Sabes lo que significa para mí una despedida?, el momento de pedir perdón, agradecer y valorar todo lo que esa persona de la que te estás despidiendo hizo por ti.

Pero como el propio título indica, esta es mi marcha, no una despedida.

Porque es cierto lo que dicen

Te tocará amar a quien no te ama por no amar a quien te amó.

Despedir(me)

Las despedidas son duras
Pero más duro fue quererte
Cuando ya no era correspondido
Ahí lo supe
Tenía que huir
Aunque se me cayeran trozos en el
camino
Tenía que huir
Tú ya no formabas parte de mi
destino.

"Y quizá nunca muere mi añoranza
No sé que depara el mañana
Algo en mí partió con tú marcha
Y quizá cuento animales de lana
Quizá pueda verte la cara
Quizá vuelve a brillar mi mirada"

Rojuu

LAS ESPINAS

A veces los sentimientos y emociones encontradas con otras personas o contigo mismo, dañan; hasta un punto en el que el dolor se convierte en tu compañía diaria.

El dolor es un sentimiento subjetivo el cual nace en cada persona por motivos, situaciones o sensaciones diferentes.

Ahora te toca leer a una escritora dolorosa, a la que en su peor momento nada le dolía, o todo le hacía daño.

No sé si fue la marcha de alguien
La ausencia de algo
O la despedida de esa persona
Sólo sé que
mis problemas
Mis inseguridades
Mis miedos
Todo
Se transformó
En dolor.

Me empecé a encerrar en mí misma
No era yo
No me reconocía
Mi camino se volvió negro
Perdí las ganas
Todas esas ganas de
Lograrlo todo
Reírme por todo
Celebrarlo todo
Vivir todo
Vinieron las ganas de
Llorar por todo
Pasar de todo
Dejar de vivirlo todo
Querer acabar con todo.

Lo dejé todo
Las cosas que disfrutaba
Las personas a las que amaba
No era suficiente
No quería saber nada del exterior
Pero
Tampoco de mi interior
Menos esa presión en el pecho
A causa de mi dolor
Dolor que comenzó a tener el control
de todo
No sentía que había una salida
Si es que podía llegar a sentir algo más.

Era agonizante
Estaba atrapada
Acorralada
Encerrada
Necesitaba ayuda
Pero no tenía a nadie
Me necesitaba a mí
Pero estaba rota.

Ojalá haber pedido ayuda
Pero cómo iba a pedirla
No era consciente de lo que me pasaba
No asimilaba nada
No vivía
Sobrevivía.

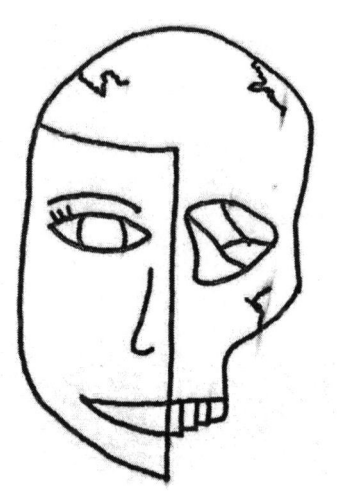

Se convirtió en frustración
Por no haberme valorado
Por todas esas veces que me ignoraron
Por las que no me hicieron caso

Me causó gracia
La ignorancia de la gente
El egoísmo de mis amigos
El pasotismo de mi familia

Sentí asco
Por toda la gente que juzgaba
Por los que opinaban
Por los que me señalaban
Por los que se reían

Lloré
Porque no podía parar
Mis ojos eran un río
Hasta que llegó la sequía

Lo sentí todo.

Me había cansado de fingir
Nada iba bien
Sólo quería dormir
No pensar
No existir
Descansar
Hasta la eternidad.

En el fondo
Lo que me vaciaba
Eran mis recuerdos
En el fondo
Deseaba
Volver a sonreír
Volver a reír
Volver a ser feliz
Deseaba
Volver a ser yo.

La caída fue en picado
La subida, empinada
Sentía que no alcanzaba nada
Mi mayor esfuerzo era levantarme de
la cama.

Estaba frío
La luz le reflejaba
Yo estaba decidida
Sabía que podía
Solo tendría que cambiar
Mi dolor mental
En dolor físico
Y si eso acababa conmigo
Nada me dolería.

Se manchó todo de rojo
No recuerdo más
Sólo despertarme desorientada
Pero sabía que aún estaba viva
El dolor aún seguía.

No podía parar
Mi mente castigaba mi cuerpo
No podía más
Necesitaba desaparecer.

Quería dejar de sentir
Quería olvidarme de todo
Quería soñar despierta
Queria volar.

Lo encendí por primera vez
Sabía raro
El humo salía sin cesar de entre mis
labios
Mis ojos tornaban rojos
Mi cuerpo tambaleaba
Pero no pensaba en nada
Mis pensamientos eran invisibles
Sentía que progresaba.

Empezó a ser costumbre
Mi mente era suicida
Y cada china
Aflojaba un poco la cuerda
Temporalmente
El resto
No lo puedo recordar.

Encendía uno tras otro
Mirando a la nada
Sin pensar en todo
Lo podía hacer siempre
No dolía nada.

La felicidad se convirtió en un
recuerdo
Estaba enganchada a la droga para ver
si me sanaba
Pero llegaba la noche y quería saltar
por la ventana.

Sentía que todo iba a mejor
Pero todo iba a peor
Evitaba mi dolor.
Cierto es,
Evitar algo nunca fue la solución
Drogarme para olvidarlo
Fue mi salvación.

No me apetecía nada
Si me llamaban
No contestaba
Me quedé en los huesos
No comía nada
Mis ojos se apagaron
Ya no brillaban
Mi persona quedó olvidada.

A veces ardía
Más que al notar una china
Ardía por dentro
Era como si algo quisiera salir de entre
mi pecho
Era como un grito
A veces llegué a oír que decía
¡Auxilio!

Nunca nadie vino
Al principio se intrigaban
Pero a la larga a nadie le importaba
Eso dolía
Me habían dejado sola.

Me quedaba mucho por sanar
Debía dejar de evadirme
No me dolía la herida
Me dolía tener que curarla.

Es cierto
Hay heridas que nunca sanan
Encontré la solución
Aprendí a vivir con ello
Aprendí a vivir con dolor.

Sé consciente lector, a veces expresar lo que uno siente es difícil, pero encerrarse en uno mismo y evadirlo todo es incluso peor.

El dolor es algo que te envuelve y causa que estés en un mal estado de ánimo la mayor parte de tu tiempo, pero solo está en tus manos ser consciente de ello e intentar con todas tus fuerzas cambiar tu situación.

EL CAMINO

Cuando estás mal es primordial tomar tiempo para uno mismo. Yo lo hice, y en ese tiempo me paré a pensar, dándome cuenta de que muchas cosas que me dolían eran a causa de mi círculo más cercano.

Ahí me di cuenta de que hay "amigos" que son una mala compañía, y que hay malas influencias que no son malos amigos.

Cuando empiezas a conocer a gente, intentas sacar el mejor lado de ti mismo.

Cuando esa gente te empieza a importar, lo das todo de ti.

Por mí hubo muchos que no hicieron nada, y otros que simplemente estaban.

Al principio no sospechaba nada
Hasta que empecé a sentirme rara
Rara porque mis amigos me trataban
mal
Pero siempre me hacían compañía.

Era raro
No me escuchaban
Siempre me apartaban
Pero si algo necesitaban
A mí era a la primera que preguntaban.

Llegué a un punto en el que me cansé
Estaba harta
De sus burlas
De que se victimizara
De que me humillaran
Estaba harta
Rodeada de gente con la que no era
yo misma
Me aburría.

Todas esas "amistades" idealizadas
Que no me aportaban nada

Todas esas "amistades" tóxicas
Que me manipulaban
Y yo no lograba hacer nada

Fueron todas ellas
Todas esas malas compañías
Yo seguía ahí
Junto ellas
Con el tiempo me di cuenta
Fui idiota
Pero era incapaz
Tenía sentimientos guardados hacia
ellas.

Y es cierto lector, a veces corremos por personas que no caminarían por nosotros.

Si me preguntas, eso es para mí una mala compañía, aquellas personas que están contigo por conveniencia, para manipularte o para humillarte.

Cierto es, hay otras amistades que están siempre que pueden, sobre todo si es para mostrarte su otra cara.

Había dicho que no quería
Me insistían
Querían que hiciera esas cosas
Que no solía hacer
Que no debía hacer
Que no quería hacer.

Me apoyaban tanto
Me querían
Me ayudaban
Pero siempre había algo
No estaban tranquilos
Querían que todos hiciesen lo mismo
que ellos
Pero yo no quería.

Lo intentaron
Me insistieron
Pero yo lo sabía
No eran cosas buenas para mí
Pero también lo sabía
Ellos no eran malos amigos
Pero si malas influencias.

Tuve suerte, soy cero influenciable
Ahora

En un pasado hubiese recorrido el
mundo si así me lo hubiesen indicado
Tuve suerte, son malas influencias
Pero a mí no me hacen daño.

MI CASA

En la vida conocemos a muchísimas personas, algunas nos dañan y otras no nos aportan nada. Todas esas forman parte de nuestro camino para llegar a casa.

Cambié mi círculo
Me empecé a juntar con personas que
buscaban lo mejor para mí
Que celebraban todo aquello que me
salía bien
Y que lloraban junto a mí todo lo que
no fuese así
Me sentí liberada
Podía ser yo misma.

Por fin tenía buenas influencias
Me junté con personas que tenían
metas, y que estaban dispuestas a ayu-
darme en todo lo que pudieran para
yo alcanzar las mías
Me hacían sentir bien
Me ayudaban a crecer como persona.

Era feliz
Si me pasaba algo, tenía a quien acudir
Todas esas personas
Que cuando no sonreía, se preocupaban
Que cuando no puedo con algo, me ayudan a lograrlo
Que siempre cuentan conmigo
Que celebran cada paso que doy por muy pequeño que sea
Que ríen conmigo hasta no poder más
Que valoran todo lo que hago
Todas ellas
Son mi mejor compañía.

No tenía que esperar nada
Hacían cosas por mí
No era yo sola la que daba todo por la
otra persona
Lo apreciaban todo.

Siempre hay una compañía que
destaca más
Aquella con quien los silencios no
son incómodos
Aquella que tus padres tratan como
hija
Esa compañía que se queda junto a ti
aunque vea la peor versión de ti
Esa compañía que no se va de tu lado
nunca
Ni cuando se lo pides
Porque para eso está
Para hacerte un poco más feliz cada
día
Para cuando te caes, darte la mano y
tirar de ti como nadie
Para hacerte feliz
Para sanarte.

Fue lo mejor que me pasó en la vida
No había envidia entre nosotras
No competíamos la una contra la otra
Compartíamos todo
Nos escuchábamos
Nos apoyábamos
Nos ayudábamos
Teníamos una conexión que parecía
que venía de otra vida.

Porque es verdad, a veces para sanar solo necesitas una buena compañía.
Mi serendipia.
Esa persona que no es camino en tu vida
Esa persona que se ha convertido en hogar para ti.

Mi serendipia lector, es una persona que llegó en el peor momento de mi vida de la forma más espontánea que había visto antes.

Fue la primera persona que me hizo llorar de felicidad y que me complementó desde el primer instante.

Mi más bonita casualidad.

También mi hilo rojo
Esa amiga que independientemente
del momento, de la distancia, o de los
problemas, sigue ahí siempre.
Nunca se va
Nunca suelta el hilo rojo
Se estira, se retuerce, se dobla
Pero nunca se rompe.

Daba igual si algo estaba mal entre
nosotras
En los momentos difíciles sólo nos
buscábamos
Podía contar con ella para todo
Solucionábamos todo juntas
Éramos felices
Podíamos estar tranquilas
Siempre y cuando estuviésemos
juntas.

Muchas veces el hilo rojo se tensó
A veces hacía nudos en forma de infinito
Otras veces quisimos cortarlo, quemarlo, arrancarlo
Pero era imposible
El hilo estaba tatuado dentro de cada una de nosotras.

Era ella
Siempre estaba
Y siempre lo valoraba.

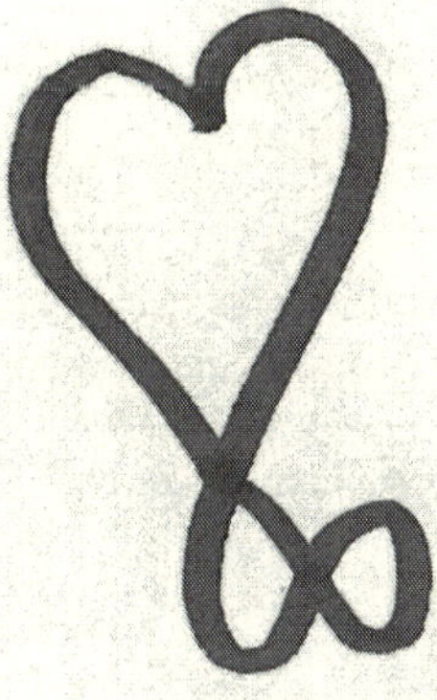

Carta al lector

Querido lector, espero que una vez llegado aquí, este conjunto de hojas te haya podido ayudar un mínimo, reflexionar, o saber al menos que no estás solo.

También espero que aunque el camino tenga muchas cuestas, seas consciente de que en algún momento llegarás a casa.

Gracias por tu atención lector, y recuerda que siempre hay algo a destacar, y como yo, quiero dejarte destacado esto:

que no todo lo malo va a
estar siempre, sabes?
★22:34

necesito que pienses en
todo lo que has mejorado
★22:33

lo estas haciendo muy bien
★18:11

es normal que tengas malos
momentos ★2:19

eres luz en la vida de
cualquiera, realmente lo
eres ★0:00

y que día a día estamos
para ayudarte todos

★22:34

y que sepas que estoy muy
orgullosa de ti ★22:54

Agradecimientos

Gracias, a esas pocas amistades a las que elegí contarles sobre este proyecto y me apoyaron y animaron desde el primer momento.

Gracias Noa, por no dejarme tirar nunca la toalla.

Gracias Andrés, por ser cabezota conmigo y convencerme de tratar un poco más en profundidad todo lo que siento.

Gracias a vosotros he conseguido escribir esto, os quiero.

"Y volverás a estar bien. Por buena,
por fuerte, por ser como eres.
Que nadie te cambie esa manera
bonita de ser donde no te queda
tiempo para odiar."

Andrés Alfonso

Índice